MW00928174

Made in the USA
Middletown, DE
31 January 2024

48852571R00070